1802 - 1902

CENTENAIRE

DE

VICTOR HUGO

CONCERT DU 27 FÉVRIER 1902

À

L'HOTEL DE VILLE

LES DJINNS   Musique de G. Fauré
CHŒUR

CHANSON D'ANCÊTRE
Musique de Saint-Saens
M. DELMAS et les Chœurs

CHANSON DE GRAND-PÈRE
Musique de Saint-Saens
CHŒUR

a) *Viens !... Une Flûte Invisible*

Musique de B. GODARD

b) *LES ADIEUX DE L'HOTESSE ARABE.*

Musique de G. BIZET

Mme AINO ACKTÉ

a) *LES ENFANTS PAUVRES*

Musique de M. X. LEROUX

b) *LA LYRE* Musique de SAINT-SAENS

M. DELMAS

PARIS

Mlle BARTET

LE POÈTE

M. MOUNET-SULLY

LES DJINNS

Murs, ville,
Et port,
Asile
De mort
Mer grise
Où brise
La brise,
Tout dort.

Dans la plaine
Naît un bruit,
C'est l'haleine
De la nuit.
Elle brame
Comme une âme
Qu'une flamme
Toujours suit.

La voix plus haute
Semble un grelot. —
D'un nain qui saute
C'est le galop :
Il fuit, s'élance,
Puis en cadence
Sur un pied danse
Au bout d'un flot.

La rumeur approche;
L'écho la redit.
C'est comme la cloche
D'un couvent maudit; —
Comme un bruit de foule,
Qui tonne et qui roule,
Et tantôt s'écoule
Et tantôt grandit.

Dieux! la voix sépulcrale
Des Djinns! — Quel bruit ils font!
Fuyons sous la spirale
De l'escalier profond!
Déjà s'éteint ma lampe,
Et l'ombre de la rampe,
Qui le long du mur rampe,
Monte jusqu'au plafond.

Cris de l'enfer! voix qui hurle et qui pleure,
L'horrible essaim, poussé par l'aquilon,
Sans doute, ô ciel! s'abat sur ma demeure.
Le mur fléchit sous le noir bataillon.
La maison crie et chancelle, penchée,
Et l'on dirait que, du sol arrachée,
Ainsi qu'il chasse une feuille séchée,
Le vent la roule avec leur tourbillon!

Prophète! si ta main me sauve
De ces impurs démons des soirs,
J'irai prosterner mon front chauve
Devant tes sacrés encensoirs!
Fais que sur ces portes fidèles
Meure leur souffle d'étincelles,
Et qu'en vain l'ongle de leurs ailes
Grince et crie à ces vitraux noirs!

De leurs ailes lointaines
Le battement décroît,
Si confus dans les plaines,
Si faible, que l'on croit
Ouïr la sauterelle
Crier d'une voix grêle
Ou pétiller la grêle
Sur le plomb d'un vieux toit.

Les Djinns funèbres,
Fils du trépas,
Dans les ténèbres
Pressent leurs pas,
Leur essaim gronde :
Ainsi, profonde,
Murmure une onde
Qu'on ne voit pas.

Ce bruit vague
Qui s'endort,
C'est la vague
Sur le bord ;
C'est la plainte
Presque éteinte
D'une sainte
Pour un mort.

On doute
La nuit...
J'écoute : —
Tout fuit,
Tout passe,
L'espace
Efface
Le bruit.

Les Orientales

CHANSON D'ANCÊTRE

Parlons de nos aïeux sous la verte feuillée.
Parlons des pères, fils! — Ils ont rompu leurs fers,
Et vaincu; leur armure est aujourd'hui rouillée.
Comme il tombe de l'eau d'une éponge mouillée,
De leur âme dans l'ombre il tombait des éclairs,
Comme si dans la foudre on les avait trempées.
> Frappez, écoliers,
> Avec les épées
> Sur les boucliers.

Ils ont voulu, couvé, créé la délivrance;
Ils étaient les titans; nous sommes les fourmis;
Ils savaient que la Gaule enfanterait la France,
Quand on a la hauteur, on a la confiance;
Les montagnes, à qui le rayon est promis,
Songent, et ne sont point par l'aurore trompées.
> Frappez, écoliers,
> Avec les épées
> Sur les boucliers.

Levez vos fronts; voyez ce pur sommet, la gloire,
Ils étaient là; voyez cette cime, l'honneur,
Ils étaient là; voyez ce hautain promontoire,
La liberté; mourir libres fut leur victoire;
Il faudra, car l'orgie est un lâche bonheur,
Se remettre à gravir ces pentes escarpées.
> Frappez, chevaliers,
> Avec les épées
> Sur les boucliers.

L'Art d'être Grand-Père

CHANSON DE GRAND-PÈRE

Dansez, les petites filles,
Toutes en rond.
En vous voyant si gentilles,
Les bois riront.

Dansez, les petites reines,
Toutes en rond.
Les amoureux sous les frênes
S'embrasseront.

Dansez, les petites folles,
Toutes en rond.
Les bouquins dans les écoles
Bougonneront.

Dansez, les petites belles,
Toutes en rond.
Les oiseaux avec leurs ailes
Applaudiront.

Dansez, les petites fées,
Toutes en rond.
Dansez, de bleuets coiffées
L'aurore au front.

Dansez, les petites femmes,
Toutes en rond.
Les messieurs diront aux dames
Ce qu'ils voudront.

L'Art d'être Grand-Père

Viens ! Une flûte invisible
Soupire dans les vergers.
La chanson la plus paisible
Est la chanson des bergers.

Le vent ride, sous l'yeuse,
Le sombre miroir des eaux.
La chanson la plus joyeuse
Est la chanson des oiseaux.

Que nul soin ne te tourmente.
Aimons-nous ! Aimons toujours !
La chanson la plus charmante
Est la chanson des amours.

Les Contemplations

ADIEUX
DE L'HOTESSE ARABE

Puisque rien ne t'arrête en cet heureux pays,
Ni l'ombre du palmier, ni le jaune maïs,
   Ni le repos, ni l'abondance;
Ni de voir à ta voix battre le jeune sein
De nos sœurs, dont, les soirs, le tournoyant essaim
   Couronne un coteau de sa danse;

Adieu, voyageur blanc! Oh! que n'es-tu de ceux
Qui donnent pour limite à leurs pieds paresseux
   Leurs toits de branches ou de toiles!
Qui, rêveurs, sans en faire, écoutent les récits,
Et souhaitent, le soir, devant leur porte assis,
   De s'en aller dans les étoiles!

Si tu l'avais voulu, peut-être une de nous,
O jeune homme, eût aimé te servir à genoux
   Dans nos huttes toujours ouvertes;
Elle eût fait, en berçant ton sommeil de ses chants,
Pour chasser de ton front les moucherons méchants,
   Un éventail de feuilles vertes.

Si tu ne reviens pas, songe un peu quelquefois
Aux filles du désert, sœurs à la douce voix,
   Qui dansent pieds nus sur la dune;
O beau jeune homme blanc, bel oiseau passager,
Souviens-toi; car, peut-être, ô rapide étranger,
   Ton souvenir reste à plus d'une!

                    Les Orientales

LES ENFANTS PAUVRES

Prenez garde à ce petit être,
Il est bien grand, il contient Dieu...
Les enfants sont, avant de naître,
Des lumières dans le Ciel bleu.
Dieu nous les offre en sa largesse,
Ils viennent, Dieu nous en fait don,
Dans leur rire il met sa sagesse
Et dans leur baiser, son pardon.
Leur douce clarté nous effleure,
Hélas! le bonheur est leur droit...
Ils ont faim, le Paradis pleure
Et le Ciel tremble, s'ils ont froid.
La misère de l'innocence
Accuse l'homme vicieux...
L'homme tient l'Ange en sa puissance
Oh! quel tonnerre au fond des Cieux
Quand Dieu cherchant ces êtres frêles,
Que dans l'ombre où nous sommeillons
Il nous envoie avec des ailes,
Les retrouve avec des haillons!

L'Art d'être Grand-Père

LA LYRE

Jouis ! c'est au fleuve des ombres
Que va le fleuve des vivants ;
Le sage, s'il a des jours sombres,
Les laisse aux dieux, les jette aux vents,
Enfin, comme un pâle convive,
Quand la mort imprévue arrive,
De sa couche il lui tend la main ;
Et, riant de ce qu'il ignore,
S'endort dans la nuit sans aurore,
En rêvant un doux lendemain !

Odes et Ballades

PARIS

Oh ! Paris est la cité mère !
Paris est le lieu solennel
Où le tourbillon éphémère
Tourne sur un centre éternel !
Paris, feu sombre ou pure étoile,
Morne Isis couverte d'un voile,
Araignée à l'immense toile
Où se prennent les nations !
Fontaine d'urnes obsédée,
Mamelle sans cesse inondée
Où pour se nourrir de l'Idée
Viennent les générations !

Quand Paris se met à l'ouvrage
Dans sa forge aux mille clameurs,
A tout peuple heureux, brave ou sage,
Il prend ses lois, ses dieux, ses mœurs.
Dans sa fournaise, pêle-mêle,
Il fond, transforme et renouvelle
Cette science universelle
Qu'il emprunte à tous les humains ;
Puis il rejette aux peuples blêmes
Leurs sceptres et leurs diadèmes,
Leurs préjugés et leurs systèmes,
Tout tordus par ses fortes mains !

Paris, qui garde, sans y croire,
Les faisceaux et les encensoirs,
Tous les matins dresse une gloire,
Eteint un soleil tous les soirs;
Avec l'idée, avec le glaive,
Avec la chose, avec le rêve,
Il refait, refoud et relève
L'échelle de la terre aux cieux;
Frère des Memphis et des Romes,
Il bâtit, au siècle où nous sommes,
Une Babel pour tous les hommes,
Un Panthéon pour tous les dieux!

Ville qu'un orage enveloppe!
C'est elle, hélas! qui, nuit et jour,
Réveille le géant Europe
Avec sa cloche et son tambour!
Sans cesse, qu'il veille ou qu'il dorme,
Il entend la cité difforme
Bourdonner sur sa tête énorme
Comme un essaim dans la forêt.
Toujours Paris s'écrie et gronde.
Nul ne sait, question profonde,
Ce que perdrait le bruit du monde
Le jour où Paris se tairait!

Voix intérieures

LE POÈTE

Pourquoi t'exiler, ô poëte,
Dans la foule où nous te voyons ?
Que sont pour ton âme inquiète
Les partis, chaos sans rayons ?
Dans leur atmosphère souillée
Meurt ta poésie effeuillée ;
Leur souffle égare ton encens,
Ton cœur, dans leurs luttes serviles,
Est comme ces gazons des villes
Rongés par les pieds des passants.

Dans les brumeuses capitales
N'entends-tu pas avec effroi,
Comme deux puissances fatales,
Se heurter le peuple et le roi ?
De ces haines que tout réveille
A quoi bon emplir ton oreille,
O poëte, ô maître, ô semeur ?
Tout entier au Dieu que tu nommes,
Ne te mêle pas à ces hommes
Qui vivent dans une rumeur !

Va résonner, âme épurée,
Dans le pacifique concert !
Va t'épanouir, fleur sacrée,
Sous les larges cieux du désert !
O rêveur, cherche les retraites,
Les abris, les grottes discrètes,
Et l'oubli pour trouver l'amour,
Et le silence, afin d'entendre
La voix d'en haut, sévère et tendre,
Et l'ombre, afin de voir le jour !

Va dans les bois, va sur les plages !
Compose tes chants inspirés
Avec la chanson des feuillages
Et l'hymne des flots azurés !
Dieu t'attend dans les solitudes ;
Dieu n'est pas dans les multitudes :
L'homme est petit, ingrat et vain,
Dans les champs tout vibre et soupire,
La nature est la grande lyre,
Le poète est l'archet divin !

Peuples, écoutez le poète !
Ecoutez le rêveur sacré !
Dans votre nuit, sans lui complète,
Lui seul a le front éclairé !
Des temps futurs perçant les ombres,
Lui seul distingue en leurs flancs sombres
Le germe qui n'est pas éclos.
Homme, il est doux comme une femme ;
Dieu parle à voix basse à son âme,
Comme aux forêts et comme aux flots !

C'est lui qui, malgré les épines,
L'envie et la dérision,
Marche courbé dans vos ruines,
Ramassant la tradition.
De la tradition féconde
Sort tout ce qui couvre le monde,
Tout ce que le ciel peut bénir.
Toute idée, humaine ou divine,
Qui prend le passé pour racine
A pour feuillage l'avenir.

Il rayonne ; il jette sa flamme
Sur l'éternelle vérité !
Il la fait resplendir pour l'âme
D'une merveilleuse clarté !
Il inonde de sa lumière
Ville et désert, Louvre et chaumière,
Et les plaines et les hauteurs ;
A tous d'en haut il la dévoile ;
Car la poésie est l'étoile
Qui mène à Dieu rois et pasteurs.

Les Rayons et les Ombres

R. Baschet, Éditeur.
G. de Malherbe, Imprimeur.